Pichausel

Essai biographique sur Mathieu Larrat

ESSAI BIOGRAPHIQUE

SUR

MATHIEU LARRAT,

DOCTEUR EN MÉDECINE,

Membre correspondant de la Société Royale de Médecine de Bordeaux, de celle d'Agriculture, Sciences et Arts d'Agen; Médecin de l'Hospice civil de Clairac, département de Lot-et-Garonne;

PAR PIERRE PICHAUSEL,

DOCTEUR EN MÉDECINE;

Membre correspondant de la Société de Médecine pratique de Montpellier, de la Société Royale de Médecine de Bordeaux, des Sociétés de Médecine de Toulouse, Bergerac, et d'Agriculture, Sciences et Arts d'Agen; Médecin de l'Hospice civil de Clairac.

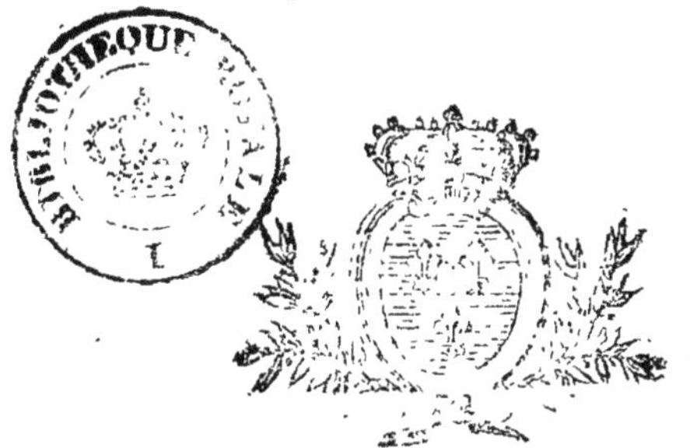

À BORDEAUX,

CHEZ LAWALLE JEUNE, IMPRIMEUR-LIBRAIRE, ALLÉES DE TOURNY, N°. 20.

ANNÉE 1817.

ESSAI BIOGRAPHIQUE

SUR

MATHIEU LARRAT,

DOCTEUR EN MÉDECINE.

LORSQUE Mathieu LARRAT fut enlevé par une mort imprévue à sa famille et à ceux qui avaient eu l'avantage de le connaître et de l'apprécier, leurs regrets démontrèrent en cette occasion combien était grande la perte qu'ils venaient de faire.

Honoré de son estime, collaborateur de ce digne confrère, je vais payer la dette de l'amitié, en transmettant aux gens de bien le souvenir de ses talens et de ses vertus.

Mathieu Larrat naquit à Lafitte, département de Lot-et-Garonne, le 14 Août 1755. Son père, Chirurgien recommandable, lui donna une éducation analogue à la médiocrité de sa fortune.

Lorsque le jeune Larrat eut atteint l'âge où il devait embrasser une profession, il ne balança point, et fit choix de celle que la plupart de ses ancêtres avaient exercée. Comme Stoll, il étudia sous son père les élémens de la chirurgie.

Alors, la Capitale possédait les Louis, les Hevin, les Bordenave, les Petit, les Sabatier, célèbres fondateurs ou restaurateurs de cette Académie fameuse, qui éleva rapidement la chirurgie à un degré de gloire inconnu avant eux. Tous ces hommes, animés d'un même zèle, propageaient à l'envi les travaux de leurs prédécesseurs et le fruit de leurs veilles.

En 1771, Larrat alla grossir le nombre de leurs disciples ; il apprit bientôt que l'anatomie était le flambeau qui devait guider ses premiers pas, non-seulement vers la connaissance de l'organisation humaine, mais encore vers celle des phénomènes qui constituent la vie; que privé de ses secours son art ne reposerait sur aucune base solide, et que les aberrations de la nature ne se peindraient dans son esprit qu'avec confusion et obscurité.

La modicité de sa fortune, dont il se plaisait tant à rappeler le touchant tableau, suffisant à peine à ses besoins, l'avertit de bonne heure qu'il n'aurait pour appui que ses talens dans la carrière de la vie.

Dans cette conviction, favorable aux progrès des sciences et des arts, il se voua à l'étude avec la plus infatigable activité.

Les dégoûts qu'inspirent les travaux anatomiques, et les dangers auxquels ils exposent ne portèrent aucune atteinte à son émulation; en peu de temps il obtînt, pour prix de ses efforts et de ses progrès, le titre d'élève à l'école-pratique.

Ce premier succès fut pour lui un motif légitime d'espérance, qui l'encouragea bientôt à joindre les exemples aux préceptes. Il les trouva dans les hôpitaux, asiles du malheur, où les infirmités humaines se montrent sous toutes leurs formes, et où les institutions permettent à l'élève d'en observer la marche et les terminaisons.

En 1776, après avoir été tour-à-tour disciple distingué dans les diverses branches de l'art de guérir, il se présenta au concours des élèves de l'école-pratique: son élocution aisée, son heureuse mémoire et son savoir, fruits d'un travail opiniâtre et assidu, lui acquirent la deuxième médaille de cette école.

Après avoir obtenu cette palme glorieuse, présage ordinaire de plus grands succès, il continua ses études avec une ardeur nouvelle, jusqu'en 1777, époque où il entra au service de la marine royale.

Sur ce théâtre nouveau, il se fit bientôt remarquer dans ses fréquens entretiens avec les chirurgiens principaux des hôpitaux de Brest ; et l'un des premiers, il développa avec facilité et exactitude, dans les amphithéâtres de cette ville, la méthode descriptive du célèbre Désault, adoptée maintenant dans les écoles d'anatomie.

Désigné pour remplir les fonctions de chirurgien-major sur les vaisseaux de l'escadre française, successivement commandée par le chevalier de Ternai et par le comte de Barras, il répondit si dignement à l'attente de ses chefs dans le service ordinaire qui lui fut confié pendant plusieurs campagnes, et il pratiqua avec tant de fruit les plus grandes opérations dans différens combats, qu'on le jugea digne de remplir les fonctions de médecin et de chirurgien en chef à l'hôpital, N°. 1, établi à Newport, pendant la station de l'escadre française dans ces parages.

Larrat s'acquitta de ces emplois de manière à mériter une gratification, qui lui fut accordée au nom de S. M. Louis XVI, et une lettre flatteuse que lui adressa son Excellence le Ministre de la Marine.

Pendant ce service, il se lia d'amitié avec M. Coste, que son savoir a élevé au rang d'inspecteur général du conseil de santé. Puisse ce Nestor de la médecine militaire, jeter un regard de bienveillance sur les deux fils de son respectable ami. Ce sont les vœux de sa famille éplorée, comme ceux des gens de bien qui ont pu apprécier les qualités rares dont Larrat fut doué.

Après la pacification des États-Unis, il obtint son licenciement et rentra au sein de sa famille pour se délasser des longues fatigues qu'il avait éprouvées, et y porter les témoignages de la reconnaissance et de l'amour du meilleur des fils. Mais son ambition pour la science, l'arracha de nouveau aux plus chers objets de son affection et le conduisit à Paris. Là, les Desbois-de-Rochefort, les Bosquillon, les Portal publiaient leurs savantes doctrines. Il y puisa le complément de son instruction médicale, et en 1784, il prit le grade de docteur en médecine.

Après avoir vaincu les nombreuses difficultés, bravé les dangers que l'étude de notre art présente, et obtenu le noble privilège de soulager l'humanité, sans autres censeurs que la conscience, Larrat se fixa pour toujours à Clairac.

Les triomphes qu'il avait obtenus, les places qu'il avait occupées, son aménité, son zèle pour l'exercice de sa profession, tout en lui semblait commander la confiance et imposer silence à l'envie, dans une ville où chaque jour il répandait de nombreux bienfaits ; mais il y trouva quelques hommes beaucoup moins rivaux que jaloux de son savoir, beaucoup plus méchans que justes, qui lancèrent contre lui les traits de la calomnie. On loua en lui l'excellent Chirurgien, pour affaiblir son mérite médical aux yeux du vulgaire, qui regarde les connaissances chirurgicales comme à peu-près incompatibles avec celles de la médecine.

Fruit d'une dangereuse rivalité, cette supposition n'eut jamais exercé aucun empire, si les hommes dépourvus de lumières n'avaient constamment substitué le faux au vrai ; en effet : « En observant les objets sensibles, » nous nous élevons naturellement à la con- » naissance de ceux qui ne tombent point » sous nos sens » (Condillac, de la logique, page 55). Rappeler les noms immortels et les travaux d'Hippocrate, de Galien, de Boerhaave, de Bichat, mon maître, et de tant d'illustres médecins qui concoururent au perfectionnement de la chirurgie, ne serait-ce pas confirmer cette vérité.

Je dois réfuter encore une autre injustice dont il fut le sujet, en m'appuyant de l'imposante autorité d'un sage professeur, dont la noblesse des sentimens et le génie proscrivent chaque jour les préventions outrées, et assurent à la médecine le rang qu'elle doit occuper.

« Je voudrais bien, dit-il, qu'en médecine, » on comptât pour quelque chose, comme on » le fait en physique, en chimie, en botani- » que, un jugement sain, une sagacité natu- » relle, un esprit inventif, dépouillés de tout » autre privilège; qu'on s'informât peu si tel » homme a fait certaines études d'usage, ou » rempli certaines formalités, mais seulement » s'il a approfondi quelque partie de la science » médicale, ou s'il a découvert quelque vérité » utile. (Pinel) ».

Riche de faits, nourri d'une saine doctrine, Larrat se livra à la pratique avec l'assurance que le sentiment de ses propres forces devait lui donner : il répondit dignement à l'attente publique, et d'un accord presque unanime, il fut placé au premier rang des médecins, dans son département

Chaque jour, de nouveaux succès, obtenus

par ses conseils ou par ses soins, et proclamés par la reconnaissance attiraient de nombreux malades auprès de lui.

Supérieur en médecine opératoire à la plupart des médecins de son pays, il fut appelé fréquemment en consultation. Il dissertait avec facilité sur les maladies, sur les moyens à employer, et ne se bornait pas toujours aux conseils, lorsque l'intérêt du malade et l'honneur de l'art réclamaient les secours d'une main habile.

Je montrerai dans le cours de cet écrit, autant que me le permettront mes faibles lumières, les justes droits, qui, dans sa pratique, l'ont recommandé à l'estime des hommes capables de l'apprécier; en attendant, je vais essayer de peindre quelques-uns des principaux traits de sa vie qui prouvent que faire le bien, fut toujours sa plus chère maxime.

Ainsi il l'emporta sur ses détracteurs et commanda la confiance, récompense quelquefois tardive, mais qu'obtiennent toujours ceux qui possèdent des connaissances exactes et un jugement sain.

Larrat était d'un tempérament bilieux : il posséda les qualités des hommes qui en sont doués. La sensibilité de son cœur était extrême. Il ne la démontrait jamais mieux que dans les épanchemens de l'amitié, et lorsqu'il rappelait avec vénération les vertus des auteurs de ses jours et d'une épouse qui depuis long-temps n'était plus.

Son amour paternel fut sans bornes, et ses vœux les plus chers étaient pour la prospérité de ses enfans.

Il eut une pratique très-étendue et continua ses travaux du cabinet avec son émulation et son zèle accoutumés.

Lorsque l'affreux terrorisme désolait notre malheureuse patrie, il osa élever la voix contre ses tyrans. Il fut incarcéré, et il aurait sans doute porté sa tête sur l'échafaud si le gouvernement sanguinaire n'eût été renversé.

Il commençait chaque jour son travail en s'acquittant des devoirs que lui imposaient ses fonctions de médecin, d'administrateur et de secrétaire de l'administration de notre hospice, dont il se chargea gratuitement pendant trente ans. Il les remplit avec l'assiduité et le dévouement qu'on devait attendre d'un homme tel que lui.

Ainsi, a dit mon ami le docteur Dubosc (dont les lumières et les qualités du cœur sont généralement reconnues), « *ainsi, le pau-* » *vre reçoit ses secours avant le riche* » (1).

Pour en conserver le souvenir, la Commission délibéra dans sa séance du 9 Janvier 1817, présidée par M. de Saffin, Maire de Clairac, chevalier de l'ordre royal de la légion d'honneur, et juste appréciateur du mérite, qu'il serait placé une table de marbre dans l'intérieur de l'hospice, portant cette inscription :

A MATHIEU LARRAT,

MÉDECIN,

ADMINISTRATEUR ET RESTAURATEUR DE CET HOSPICE,

DÉCÉDÉ LE 10 DÉCEMBRE 1816;

LA COMMISSION ADMINISTRATIVE RECONNAISSANTE !!

Puisse ton honorable exemple, ô notre ami, devenir profitable à la maison des pauvres, dont la prospérité fut aussi un objet constant de tes sollicitudes et de tes vœux !

Lorsque la découverte, qui immortalise à jamais le nom de Jenner, fut connue en France, et ses salutaires effets bien constatés, il vaccina d'abord ses enfans, afin d'encourager le public à recevoir ce nouveau bienfait de la médecine,

(1) Eloge de MM. Laguehay Lacoste et Mathieu Larrat, prononcé le 9 Février 1817, par M. Dubosc, médecin et administrateur de l'hospice, en présence de la Commission.

et dans la suite, il employa dans le même but tous les moyens que lui inspirait son amour pour l'humanité.

En 1810, un comité de vaccine fut créé dans le canton de Tonneins ; M. le docteur Laperche en ayant été élu président, par l'accord unanime de ses membres, Larrat se chargea de remplir les fonctions de secrétaire. En 1812, pour récompenser le zèle de ce comité, le Ministre de l'intérieur décerna une médaille à son respectable président, qui, dans un éloquent discours, fit rejaillir sur ses confrères la part qu'ils méritaient de cet honneur, et je dois dire en cette occasion, que Larrat avait puissamment contribué à l'obtenir, par le grand nombre de vaccinations qu'il avait pratiquées.

L'asile du pauvre, que fuit celui dont le cœur est fermé au précieux don de la pitié, fut recherché par Larrat ; il y portait les secours de son art, et ceux que la bienfaisance y sait répandre.

Toujours occupé de la chose publique, il était depuis long-temps membre du collége électoral, du consistoire protestant de Clairac, et du conseil municipal. A ce dernier titre, il fut député à Bordeaux, avec plusieurs notables de notre ville, le 21 Mars 1814, pour exprimer à Son Altesse Royale Monseigneur le Duc d'Angoulême, le dévouement de ses habitans à son auguste personne.

Les malades, auprès desquels Larrat fut appelé, trouvèrent en lui le médecin consolateur; il paraissait en quelque sorte s'identifier avec leurs maux, qualité précieuse, d'où naît la persuasion, source de l'espérance et inappréciable bienfait dans tous les cas, mais en particulier dans celui où l'infortuné doit succomber par les suites d'une longue maladie.

C'est dans ces tristes occasions, qu'un médecin philantrope est heureux de posséder la sagacité convenable pour calmer chaque jour les nouvelles alarmes et les douleurs de celui qui voit croître sa maladie sans espérance.

Larrat posséda au plus haut degré le talent de varier les ressources tirées des médicamens et du régime; aussi ceux auxquels il donna ses soins pendant long-temps, réclamaient-ils rarement les secours d'autres médecins.

Il voua à ses confrères l'estime que commandaient leur probité et leur mérite. Jamais par de basses intrigues ni par l'oubli des convenances dans l'exercice d'une profession, dont la noblesse est si généralement reconnue, jamais il ne déprécia les talens d'autrui, et sa tolérance fut peut-être trop démesurée envers des hommes dépourvus de tout ce qui convient dans l'exercice de l'art de guérir.

Lorsque Larrat se fixa dans notre ville, il ne tarda point à y remarquer M. Serres, maître en chirurgie, qui jouissait d'une réputation honorable et méritée : il se lia avec lui d'une amitié que rien n'interrompit.

Possesseur de connaissances anatomiques et physiologiques étendues, il prouvait que les travaux du grand Haller, sur cette dernière science, n'avaient échappé ni à ses études ni à sa sagacité.

Les préceptes tracés par Hippocrate dans le traité des airs, des eaux et des lieux, la topographie médicale de Clairac, la météorologie, les principaux caractères physiques et moraux, le genre de vie, les habitudes, les goûts particuliers de ses habitans, furent l'objet de ses méditations premières.

Toujours en défaut sur ses intérêts, relativement à la santé, le public accordait encore une aveugle confiance à des accoucheurs sans principes ; mais Larrat le convainquit bientôt de sa supériorité dans la pratique de cet art, et peu-à-peu, l'arrachement des membres, leur amputation et autres manœuvres barbares ou téméraires, furent bannis des lieux où l'on réclama ses soins ou ses conseils.

Dans les accouchemens manuels (1), sa manœuvre était simple et méthodique. Comme tous les vrais praticiens, il attacha un grand prix au forceps, et ne l'employa qu'avec une extrême réserve.

Il était loin de croire avec quelques hommes sans principes, incapables de reconnaître son utilité, comme de concevoir sa manière d'agir, que cet instrument fût moins avantageux que nuisible, parce qu'il l'est seulement lorsque des mains inexpérimentées le dirigent.

Larrat ne mit jamais en pratique la méthode que Leroux, de Dijon, a tant préconisée pour le traitement des pertes utérines.

Pour réduire les luxations de la cuisse, il fit usage de la moufle, moyen généralement improuvé, mais qui, entre ses mains, produisit les plus heureux effets, lors même que tous ceux qu'on emploie aujourd'hui avaient été insuffisants; et si c'était le lieu de disserter

---

(1) Cette dénomination a été substituée à celle *d'accouchement contre nature*, par mon ancien maître et mon honorable ami, M. le docteur Capuron, dans son excellent traité sur les accouchemens, dont la deuxième édition vient de paraître.

sur cette matière, je tâcherais de démontrer que son choix était fondé.

Jamais il n'employa l'extention permanente dans le traitement des fractures du col du fémur, ni dans celles qui sont obliques au corps de cet os ; il préféra la réduction et l'extention réitérées jusques à la consolidation commençante du cal, et il obtint toujours la guérison mais rarement sans raccourcissement du membre.

Pour la thérapeutique des fractures du crâne, il adopta la méthode, dont le célèbre Désault fit peut-être une application trop générale.

Larrat faisait sa principale et sa plus délicieuse étude des aphorismes, des pronostics, du premier et du troisième livres des épidémies d'Hippocrate, méditait les ouvrages de Lieutaud, de Cullen, de Stoll, et estimait diverses monographies, au nombre desquelles il distinguait le traité de la dyssenterie, par Zimmerman, ceux de la phthisie et des scrophules, du professeur Baumes, le traité médico-philosophique sur l'aliénation mentale, par Pinel, et celui des fièvres pernicieuses, du docteur Alibert.

A l'exemple d'Hippocrate, de Sydenham, de Stoll, il observa avec soin l'influence des constitutions médicales sur la nature et le développement des maladies.

Il fit une application judicieuse de ces principes au traitement des fièvres pernicieuses intermittentes, et des gastro-adynamiques qui existent épidémiquement sur les rives droites du Lot et de la Garonne, aux environs d'Aiguillon et de Nicole, lorsque les vents du sud à l'ouest règnent pendant le *rouissage* du chanvre, son dessèchement et celui des lacs formés par le débordement des deux rivières.

En 1809, Larrat adressa à la Société de médecine de Bordeaux un Mémoire, qui avait pour objet la description d'une épidémie catarrhale, pendant laquelle il observa plusieurs attaques d'apoplexie dépendantes d'embarras gastriques : cette savante compagnie lui accorda alors le titre de Membre correspondant.

La doctrine des crises lui parut toujours conforme à la marche de la nature dans les maladies aigues. Dans sa pratique la médecine expectante fit souvent place à la médecine active. Néanmoins, il reconnut l'impuissance de nos ressources contre le vice scrofuleux, et se borna aux toniques et aux fondans, joins à un régime propre à ranimer les forces vitales dont cette maladie semble être l'extrême opposé.

Après avoir fait usage du remède de Pradié, contre la goutte, il jugea que ses avantages avaient été beaucoup trop exagérés, et qu'on ne devait guère compter sur ce prétendu spécifique; il porta le même jugement sur le sirop pectoral de Lamouroux.

Après avoir retracé les principaux droits qu'avait le docteur Larrat à l'estime et à la confiance, j'arrive à la partie la plus affligeante de mon écrit.

Depuis long-temps il redoutait l'apoplexie et employait divers moyens pour l'éviter, néanmoins, il en fut frappé le 10 Décembre 1816, après un copieux repas, où, selon son usage, il n'avait pris pour boisson que de l'eau simple : il expira soudain. Ainsi, l'art qu'il fit tant de fois triompher, ne fut, dans cette fatale occasion, d'aucun secours pour lui!

Vous, qui ne le considérâtes qu'au travers du prisme de l'envie, si vous daignez jeter un regard sur ce qu'il fit pour son pays, et dont je n'offre qu'une faible ébauche, vous ne douterez plus de l'injustice de vos préventions; et si elles existaient encore lorsqu'il allait descendre dans la tombe, son convoi funèbre, où un concours immense de pauvres et d'amis confondaient leur affliction et leurs larmes, la douleur publique, tout aurait dû vous prouver, sans doute, que sa bienfaisance et son amitié n'avaient point été simulées.

J'aurai desiré le mieux peindre ; mais mon cœur est satisfait, si j'ai pu le montrer à ses successeurs comme un exemple à suivre et un modèle à imiter!

FIN.

www.ingramcontent.com/pod-product-compliance
Ingram Content Group UK Ltd.
Pitfield, Milton Keynes, MK11 3LW, UK
UKHW020455220726
13923UKWH00006B/2559